Dinheiro no Canadá: O Guia Que Todo Imigrante Brasileiro Deveria Ler

Autor: J. D. Correa

Ano de publicação: 2025 – Versão 1.0

Publicado no Canadá.
Primeira edição – 2025

Introdução

Mudar de país é uma das experiências mais intensas e transformadoras que uma pessoa pode viver. Ao atravessar uma fronteira, não carregamos apenas malas — trazemos sonhos, traumas, expectativas e, quase sempre, uma boa dose de medo. A vida no Canadá pode parecer promissora, estável e segura. Mas a realidade financeira para quem chega é, muitas vezes, cheia de armadilhas invisíveis, decisões difíceis e uma curva de aprendizado dolorosa.

Foi exatamente por isso que este livro nasceu.

Depois de vivenciar os altos e baixos da adaptação, senti a necessidade de registrar, compartilhar e transformar em conteúdo tudo aquilo que aprendi com erros, acertos e muitas conversas com outros imigrantes. Aqui você não vai encontrar promessas de enriquecimento rápido, nem fórmulas mágicas para ficar milionário. Você vai encontrar **consistência, realismo, prática e clareza.**

Este livro é para você que:

- Chegou há pouco tempo e está tentando entender como o sistema funciona;
- Já mora no Canadá, mas sente que sua vida financeira está travada;
- Quer aprender a investir, mas não sabe por onde começar;
- Sente que está sempre correndo atrás e nunca sobra dinheiro no fim do mês;
- Busca independência, liberdade e tempo de vida.

Minha missão aqui é te mostrar que é possível construir uma vida financeira sólida, **mesmo com pouco dinheiro e pouco tempo disponível**. Com inteligência, disciplina e um plano bem traçado, dá para sair do sufoco e entrar num ciclo de crescimento verdadeiro. Mas é preciso abandonar velhos hábitos, entender como o sistema canadense funciona, e sobretudo, **tomar decisões com consciência**.

Este é um **mini livro**, mas com alma grande. Ele não é um guia profissional, nem uma pesquisa acadêmica. É um manual de sobrevivência e construção, feito por quem viveu — e continua vivendo — na pele a jornada da imigração.

Importante lembrar:

- As plataformas, aplicativos e ferramentas citadas aqui (como Wealthsimple, Shakepay, Questrade etc.) são **escolhas pessoais**. Não são recomendações profissionais ou patrocinadas.
- Ações, ETFs, criptomoedas e outros ativos mencionados **não garantem retorno** e devem ser analisados com cuidado.
- Esta versão é de **2025**, e novas tecnologias surgem o tempo todo. Fique atento às atualizações.
- Este conteúdo **não substitui o aconselhamento profissional** de um contador ou planejador financeiro.
- O autor **não se responsabiliza** por decisões tomadas com base neste conteúdo.

Este livro é a primeira semente de uma série de conteúdos que quero lançar. A missão é clara: **ajudar imigrantes a vencer, sem perder o equilíbrio e a dignidade no processo.**

Se você está com pouco tempo, leia pelo menos os capítulos 1, 2, 3 e 6. Se estiver comprometido, leia tudo, anote, marque, converse com sua família. Este conhecimento pode economizar **anos da sua vida**.

Vamos em frente? Então respira fundo. O jogo vai virar.

Capítulo 1 – RRSP / REER: Economize no presente, garanta o futuro

O RRSP (Registered Retirement Savings Plan), ou REER (Régime enregistré d'épargne-retraite, em francês), é uma das ferramentas mais inteligentes do sistema financeiro canadense. Se usado com estratégia, pode te ajudar a **economizar nos impostos hoje** e ainda garantir um **futuro mais tranquilo.**

1.1. O que é o RRSP / REER?

É uma conta registrada pelo governo, criada para estimular os canadenses (e imigrantes) a guardarem dinheiro para a aposentadoria. A mágica está aqui: **o que você deposita no RRSP pode ser abatido da sua renda tributável.** Ou seja, você paga menos imposto no ano em que contribui.

Exemplo prático:

- Você ganha $60.000/ano.
- Investe $5.000 no RRSP.
- O governo passa a calcular seus impostos como se tivesse ganhado $55.000.

Essa diferença pode significar **reembolso de milhares de dólares**.

1.2. Quem pode contribuir?

- Qualquer residente fiscal no Canadá com renda declarada.
- Você pode começar mesmo com pouco — há contribuições de $25 por mês.
- O limite anual é 18% da sua renda do ano anterior (até um teto, que em 2025 é de $31.560).
- O espaço não utilizado se acumula para os anos seguintes.

Você pode ver seu limite acessando sua conta no site da **CRA (Canada Revenue Agency)** ou no app **MyCRA**.

1.3. Onde abrir uma conta RRSP?

- Bancos tradicionais: TD, RBC, BMO, CIBC, Scotiabank.
- Bancos digitais: EQ Bank, Wealthsimple, Questrade.
- Seguradoras, caso queira incluir seguro junto à aplicação (ex: Sun Life).

1.4. O que posso investir dentro do RRSP?

O RRSP não é o investimento — é o "guarda-chuva fiscal". Dentro dele, você pode escolher:

- Fundos de índice (ETFs)
- Fundos mútuos
- GICs (investimentos garantidos)
- Títulos do governo

- Ações
- Fundos de previdência coletiva (Group RRSP)

O ideal é escolher ativos que se alinhem ao seu perfil de risco. **Investidores conservadores** podem preferir GICs. **Moderados e arrojados** costumam usar ETFs e ações para maior crescimento a longo prazo.

1.5. E se eu precisar sacar antes da aposentadoria?

Ao sacar, você paga imposto na fonte — e ainda perde espaço de contribuição.

Mas existem **duas exceções:**

1. **Home Buyers' Plan (HBP):** você pode sacar até $35.000 para comprar seu primeiro imóvel no Canadá.
2. **Lifelong Learning Plan (LLP):** saque para cursar faculdade, pós ou certificações.

Ambos exigem que você **devolva o valor** ao RRSP ao longo dos anos seguintes.

1.6. Estratégias práticas

- Se sua renda é superior a $50.000/ano, o RRSP **traz economia de imposto relevante.**
- Reinvista o reembolso de imposto no ano seguinte — cria um ciclo poderoso.
- Se for casado, avalie contribuir para o RRSP do cônjuge, otimizando impostos da família.
- Nunca veja o RRSP como "dinheiro disponível" — **trate como algo sagrado.**

1.7. Comparando com o Brasil

O produto mais próximo é o **PGBL**, mas com mais taxas e burocracia. No Canadá, o RRSP é mais acessível, digital, e tem **melhor custo-benefício**.

1.8. Mitos e verdades

- "Preciso ser rico para usar o RRSP" → **Falso.** Qualquer valor ajuda.
- "Não entendi direito, então vou ignorar" → **Cuidado.** Ignorar o RRSP é perder dinheiro.

1.9. Quando NÃO usar o RRSP

- Se sua renda anual está abaixo de $35.000, talvez valha mais a pena investir no TFSA (Capítulo 2).
- Se você pretende deixar o Canadá em breve, pense duas vezes antes de usar o RRSP.

Em resumo:

◈ Reduz imposto hoje
◈ Faz seu dinheiro crescer até a aposentadoria
◈ Pode ser usado na compra da casa ou para estudos
◈ Ideal para renda média-alta
◈ Flexível, mas exige compromisso

Próximo capítulo: TFSA — o complemento ideal do RRSP. Enquanto um reduz impostos, o outro protege seus lucros.

Capítulo 2 – TFSA / CELI: Liberdade total para investir sem pagar imposto

O TFSA (Tax-Free Savings Account), ou CELI em francês, é um dos instrumentos financeiros mais vantajosos disponíveis no Canadá. Ele permite que você invista seu dinheiro em uma conta registrada e que **nenhum centavo de lucro seja taxado** — seja ele de juros, dividendos ou valorização de ações.

TFSA

TFSA

2.1. Como funciona o TFSA / CELI?

Apesar do nome "Savings", o TFSA não é apenas uma conta poupança. Ele é um **espaço de investimento** isento de impostos. Você pode investir nele de forma segura, com liquidez, e com liberdade para **sacar quando quiser sem pagar nada ao governo.**

Você investe dinheiro líquido (sem abatimento no imposto como no RRSP), mas o lucro também não é tributado nem na saída. Ou seja: **lucro 100% seu.**

2.2. O que posso investir dentro do TFSA?

Você pode escolher:

- ETFs (fundos de índice)
- Ações canadenses ou americanas
- GICs (investimentos de renda fixa)
- Fundos mútuos
- Contas de savings de alto rendimento
- Criptomoedas (em plataformas como Wealthsimple ou Questrade)

Exemplo: se você comprar $1.000 em ações e elas subirem para $1.500, esse lucro de $500 é **totalmente isento de imposto**. Você pode sacar, reinvestir, ou deixar lá crescendo.

2.3. Limite de contribuição

O TFSA tem um limite anual definido pelo governo. Se você tinha 18 anos em 2009 e nunca contribuiu, **em 2025 você pode ter acumulado até $88.000** em espaço total de contribuição.

- O limite atual (2025) é de $7.000/ano.
- Se você sacar dinheiro, o espaço é **restituído no ano seguinte**.
- Ultrapassar o limite gera multa de 1% ao mês sobre o excedente.

Você pode consultar seu espaço disponível no **portal da CRA**.

2.4. Quem pode abrir um TFSA?

- Residentes fiscais do Canadá
  - Com 18 anos ou mais
  - Que tenham um número válido de SIN

Não precisa ter renda para contribuir — diferente do RRSP.

2.5. Onde abrir um TFSA?

Você pode abrir gratuitamente em:

- **Wealthsimple** (investimento automatizado e ações)
- **Questrade** (para investir manualmente)
- **KOHO, EQ Bank** (savings com rendimento)
- Bancos tradicionais: TD, RBC, CIBC, Scotiabank, BMO
- Plataformas cripto: Shakepay, Newton, NDAX

2.6. Estratégias práticas

- Use o TFSA para construir sua **reserva de emergência**, mas investida em algo conservador (ex: GICs ou conta remunerada)
- Invista mensalmente, mesmo que apenas $25
- Use o TFSA para **objetivos de médio prazo**: viagem, carro, entrada de imóvel
- Se seu perfil é mais arrojado, compre ETFs e ações com potencial de valorização
- **Reinvista os lucros**: tudo que render dentro do TFSA continua crescendo isento

2.7. Comparação com RRSP

Característica	TFSA / CELI	RRSP / REER
Tributação na entrada	Não há	Dedutível do imposto
Tributação na saída	Não há	Sim (tributado como renda)
Objetivo	Qualquer um	Aposentadoria
Renda mínima exigida	Não	Sim
Flexibilidade de saque	Alta	Restrita

2.8. Quando usar o TFSA?

• Quando sua renda for abaixo de $50.000/ano (o RRSP não trará grande economia de imposto)

• Quando você quer liberdade para sacar a qualquer momento
• Quando está começando a investir e precisa testar sem medo
• Quando quer focar no longo prazo sem amarras tributárias

2.9. Quando NÃO usar o TFSA?

• Quando for usado como conta poupança comum sem investir — o potencial é desperdiçado

• Quando você tem dívidas caras acumuladas — elas devem ser quitadas primeiro

---

Em resumo:

◈ Totalmente livre de imposto
◈ Ideal para reserva de emergência, médio e longo prazo
◈ Flexível para sacar quando quiser
◈ Pode conter praticamente qualquer tipo de ativo
◈ Excelente para imigrantes começando do zero

No próximo capítulo: vamos falar sobre as armadilhas do consumo, do crédito fácil e do emocional nos primeiros meses no Canadá — e como evitar cair nelas.

Capítulo 3 – O Imigrante e as Armadilhas Emocionais: Como o Consumo Pode Sabotar Seus Planos

Chegar ao Canadá é como respirar um novo ar. Tudo parece mais acessível. Os preços em dólar, a facilidade de crédito, a sensação de liberdade financeira... Mas por trás dessa euforia, existe uma série de **armadilhas emocionais e culturais** que fazem muitos imigrantes se perderem logo nos primeiros meses.

3.1. O ciclo da compensação: "Eu mereço"

Após anos de dificuldades no país de origem, o imigrante tende a ver o consumo como recompensa.

- "Passei tanta coisa no Brasil... mereço esse carro agora."

- "Aqui é mais barato, eu vou me dar esse presente."
- "Afinal, eu tô no Canadá. Quero viver bem."

O problema é que **essa mentalidade se soma ao crédito fácil**, e em poucos meses o sonho começa a virar pesadelo: faturas altas, dívidas acumuladas e nenhuma reserva.

3.2. O crédito no Canadá: acessível, perigoso

Cartões com limites altos são oferecidos até para recém-chegados. E com eles, vem o risco:

- Juros de 20% a 30% ao ano
- Risco de entrar no mínimo rotativo
- Um atraso pode destruir seu credit score

Muitos imigrantes pagam o **mínimo da fatura achando que estão "mantendo o crédito em dia"**, mas na prática estão financiando a vida com juros altíssimos.

3.3. Consumo emocional vs. consumo racional

Aprender a reconhecer o **consumo emocional** é essencial. Ele acontece quando você compra:

- Por ansiedade
- Por comparação com outros
- Para compensar frustrações
- Para "mostrar que venceu"

Já o **consumo racional** envolve:

- Planejamento
- Comparação de preços
- Alinhamento com suas metas
- Orçamento mensal claro

3.4. Diferenças culturais: Brasil vs. Canadá

No Brasil, temos o hábito de comprar parcelado. Aqui, isso **não é comum**. A regra é:

- Ou você paga à vista (com o crédito, mas quitando no vencimento)
- Ou entra em um financiamento com contrato fechado (ex: carro, imóvel)

Outro ponto é o valor exibido nas prateleiras: **ele não inclui imposto.**

Exemplo:

Um item marcado como $20 vai te custar $22,60 no caixa (em Ontário).

Isso confunde e prejudica quem não está acostumado.

3.5. Estratégias para se proteger no início

- Faça um **detox financeiro de 90 dias**: limite os gastos ao essencial
- **Adie grandes compras** por pelo menos 6 meses
- Use o cartão de crédito apenas se puder pagar 100% da fatura
- Estabeleça um limite pessoal (ex: nunca gastar mais de 30% do limite disponível)
- Evite comparações com outros imigrantes — cada história é única

3.6. O impacto nas famílias

Muitos casais brigam por dinheiro nos primeiros anos no Canadá. O descontrole financeiro vem acompanhado de:

- Culpa
- Acusações
- Estresse
- Frustração por não viver o "sonho canadense"

A solução? **Transparência e planejamento em dupla.**

Façam reuniões mensais. Conversem sobre dinheiro. Estabeleçam metas em comum. **O casal é uma sociedade.**

Resumo do capítulo:

◈ Consumo emocional é o maior inimigo da estabilidade no começo

◈ O crédito é fácil, mas também traiçoeiro

◈ Planejar os gastos e adiar decisões impulsivas é o melhor investimento

◈ O primeiro ano define sua base financeira no Canadá

No próximo capítulo: entenda como funcionam as contas, taxas, impostos e diferenças práticas que confundem 9 entre 10 imigrantes.

Capítulo 4 – Contas, Taxas e Impostos no Canadá: A Realidade Que Ninguém Te Conta

Se tem uma coisa que pega todo imigrante de surpresa, é a maneira como o dinheiro circula no Canadá. A forma como os preços são exibidos, os impostos cobrados, as taxas bancárias, as contas fixas mensais... tudo funciona de forma diferente do Brasil. Este capítulo é um manual para entender, se adaptar e evitar sustos.

4.1. Preços nas prateleiras: o valor final é sempre maior

No Brasil, estamos acostumados com **preço com imposto incluído**. No Canadá, **os preços exibidos são SEM imposto.**

Exemplo prático:

Você vê um produto por $9.99.
No caixa, paga $11.29 (caso a taxa local seja 13%).
Esses impostos são:

- **GST (Goods and Services Tax)**: imposto federal (5%)
- **PST (Provincial Sales Tax)**: imposto provincial (varia por província)
- **HST (Harmonized Sales Tax)**: combinação dos dois, adotado em províncias como Ontário (13%) e Nova Escócia (15%)

Ou seja, prepare-se para pagar de 5% a 15% a mais em tudo.

4.2. Contas bancárias: gratuitas? Nem sempre.

A maioria dos bancos cobra:

- **Taxa de manutenção mensal** (~$15/mês)
- **Taxa por saque em caixas fora da rede**
- **Taxas por transferências e envio de dinheiro internacional**

Mas há **alternativas gratuitas e melhores**, como:

- **Simplii Financial**
- **Tangerine**
- **EQ Bank**
- **KOHO** (cartão pré-pago com cashback)

Se puder, **evite bancos tradicionais nos primeiros anos**, a não ser que ofereçam pacotes gratuitos para imigrantes (alguns oferecem no 1º ano).

4.3. Tipos de conta mais comuns

- **Chequing Account**: conta corrente para uso diário, recebe salário e faz pagamentos.
- **Savings Account**: conta poupança com rendimento baixo, usada para guardar dinheiro.

• **TFSA / RRSP**: contas registradas para investimento (explicadas nos capítulos anteriores).

4.4. O salário prometido nunca é o que você recebe

Você vê uma oferta de trabalho com salário de $20/hora.

Você pensa: "Vou ganhar $3.200 por mês."

Mas recebe, na prática, **entre $2.600 e $2.800.**

Isso porque são descontados automaticamente:

• **Imposto de Renda Federal e Provincial**

• **CPP (Canada Pension Plan)**

• **EI (Employment Insurance)**

Esses descontos podem passar de **25% do seu salário bruto.**

⚠ Faça seu orçamento sempre com base no salário **líquido**, não no bruto.

4.5. Contas fixas mensais

O custo de vida é previsível, mas alto. Prepare-se para:

• Aluguel

• Conta de energia (Hydro)

• Aquecimento (gás ou eletricidade)

• Internet

• Celular

• Seguro do carro

• Daycare (se tiver filhos)

• Cartão de transporte (ou combustível)

A soma dessas contas pode consumir **de 60% a 80% da renda de uma família.**

Por isso, **planeje antes de assumir compromissos mensais.**

4.6. Diferenças nos contratos de aluguel

- O valor anunciado **não inclui aquecimento, luz ou internet**, na maioria dos casos.
- Muitos proprietários pedem **crédito bom** ou **fiador** — difícil para quem chegou agora.
- Pagamentos são mensais, e aumentos anuais são regulados por lei, mas aplicados sem aviso.

4.7. Impostos escondidos em serviços

Ao contratar:

- Internet
- Celular
- Serviços online (ex: Netflix, Spotify, Amazon Prime)

Verifique **as taxas aplicadas.** Um plano de celular de $45 pode custar $50.85 com impostos e taxas.

Resumo do capítulo:

◈ O preço nas prateleiras não é o que você paga
◈ Bancos tradicionais cobram taxas altas — fuja se possível
◈ O salário líquido é o que importa
◈ Custo fixo mensal no Canadá é previsível, mas exige controle
◈ Leitura dos contratos é essencial para evitar sustos

No próximo capítulo: vamos falar sobre crédito no Canadá, score e como construir um histórico do zero — da forma certa.

Capítulo 5 – Como Funciona o Crédito no Canadá (e Como Construir o Seu do Zero)

O crédito no Canadá é como um **RG financeiro**. Ele te abre portas para alugar um imóvel, financiar um carro, obter taxas melhores em empréstimos e até ser aprovado em alguns empregos.

Quem entende como o sistema funciona, joga o jogo. Quem não entende, acaba preso em dívidas ou rejeições.

5.1. O que é o Credit Score?

O **credit score** é uma pontuação entre **300 e 900** que mostra o quão confiável você é para o mercado financeiro. Quanto mais alta, melhores são suas chances de conseguir crédito — e com juros menores.

Faixa de pontuação	Classificação
300 a 559	Ruim
560 a 659	Razoável
660 a 724	Boa
725 a 759	Muito boa
760 a 900	Excelente

5.2. Como é calculado o score?

- **35% – Histórico de pagamentos:** pagar no prazo é o mais importante.
- **30% – Utilização do crédito:** usar menos de 30% do limite disponível.
- **15% – Tempo de histórico:** quanto mais tempo você tiver crédito, melhor.
- **10% – Tipos de crédito:** variedade de cartões, financiamentos etc.
- **10% – Novas solicitações:** muitas tentativas em pouco tempo prejudicam.

5.3. Como começar do zero como imigrante

1. **Peça um cartão de crédito garantido**: você deposita $500, por exemplo, e esse é seu limite.
2. **Use o cartão todo mês, mas gaste no máximo 30% do limite.**
3. **Pague sempre 100% da fatura até a data de vencimento.**
4. **Nunca atrase — nem por 1 dia.**
5. **Após 6 a 12 meses, solicite cartões melhores.**

5.4. Aplicativos para acompanhar seu score

- **Borrowell**

- **Credit Karma**

São gratuitos e permitem acompanhar seu score, seu histórico, dicas personalizadas e alertas de mudança.

5.5. Dicas avançadas para subir seu score

- Coloque contas básicas (celular, luz, internet) no seu nome e **pague em dia**.
- **Nunca feche cartões antigos** — o tempo de histórico é importante.
- **Evite ficar próximo do limite** — mesmo que pague em dia, isso reduz sua nota.
- Se possível, tenha **mais de um tipo de crédito** (ex: cartão + financiamento de celular).
- Mantenha a **mesma conta bancária** por bastante tempo — fidelidade conta.

5.6. Principais erros que destroem o crédito

- Atrasar faturas
- Estourar o limite do cartão
- Pagar só o valor mínimo (isso é um alerta vermelho para bancos)
- Fazer várias solicitações de crédito seguidas
- Ignorar alertas de inadimplência

5.7. Casos especiais

- Casais devem discutir se terão crédito individual ou conjunto
- Se um dos cônjuges tem score ruim, pode afetar decisões em dupla
- Imigrantes podem pedir **cartão com fiador** nos primeiros meses

5.8. Crédito e aluguel

Em cidades como Toronto, Vancouver e Montreal, é comum os proprietários solicitarem:

- Relatório de crédito
- Comprovante de renda
- Carta de referência do empregador ou antigo senhorio

Sem isso, mesmo com dinheiro em mãos, você pode ter **dificuldade para alugar**.

5.9. Crédito não é dinheiro extra

Um erro comum é tratar o cartão de crédito como "dinheiro disponível". Isso só funciona se:

- Você controla seu orçamento
- Nunca gasta mais do que pode pagar
- Usa recompensas com inteligência (cashback, milhas)

Caso contrário, ele vira um inimigo silencioso.

Resumo do capítulo:

◈ Crédito no Canadá é essencial — cuide dele como um ativo

◈ Comece com cartão garantido e evolua com disciplina

◈ Acompanhe seu score em apps gratuitos

◈ Erros simples podem te travar por anos

◈ Planejamento e paciência constroem um histórico poderoso

No próximo capítulo: vamos falar sobre como investir mesmo com pouco dinheiro — e transformar $25 por mês em liberdade no futuro.

Capítulo 6 – Comece a Investir com Pouco: Como Transformar $25 por Mês em Liberdade Financeira

Muita gente adia os investimentos porque acha que precisa de muito dinheiro, muito conhecimento ou muita sorte. Mas no Canadá, investir é **acessível, simples e possível para todos** — mesmo com valores baixos, como $25 por mês.

Neste capítulo, você vai aprender como **começar pequeno e crescer com consistência.**

6.1. Por que investir com pouco ainda é poderoso?

Porque você constrói:

- **Hábito**

- **Disciplina**
- **Confiança**
- E, principalmente, **consistência**

Começar cedo, mesmo com pouco, permite que os **juros compostos façam o trabalho por você** ao longo dos anos.

6.2. Simulação: o poder do tempo

- $25/mês com retorno médio de 7% ao ano:
    - 5 anos → ~$1.800
    - 10 anos → ~$4.300
    - 20 anos → ~$10.700
- $100/mês nas mesmas condições:
    - 5 anos → ~$7.100
    - 10 anos → ~$17.400
    - 20 anos → ~$42.800

O segredo? Não é o quanto você começa, mas **quando** você começa.

6.3. Plataformas acessíveis para começar

1. **Wealthsimple**
    - Ideal para iniciantes
    - Investimento automatizado baseado no seu perfil de risco
    - Suporta TFSA, RRSP e conta normal

2. **Questrade**

   ○ Para quem quer comprar ETFs ou ações manualmente

   ○ Taxas baixas e boa reputação

3. **Shakepay / Newton**

   ○ Para investir em Bitcoin e Ethereum

   ○ Fácil de usar, mas exige perfil mais arrojado

4. **EQ Bank / KOHO**

   ○ Para guardar reserva de emergência com rendimento

   ○ Ideal para quem quer um meio termo entre poupar e investir

6.4. Onde investir seus primeiros $25?

Depende do seu perfil:

Perfil	**Melhor opção inicial**
Conservador	GICs ou savings com rendimento fixo
Moderado	ETFs de baixo risco via Wealthsimple
Arrojado	ETFs + cripto em pequena porcentagem

◈ Dica: invista dentro do TFSA para os rendimentos crescerem **sem imposto.**

6.5. Estratégia de 3 passos

1. **Automatize**: configure um débito automático no dia seguinte ao recebimento do salário.
2. **Ignore o saldo investido por 12 meses**: o foco aqui não é especular.

3. **Revise a estratégia a cada 6 meses**: ajuste seu perfil conforme seu conhecimento e situação financeira evoluem.

6.6. O que evitar ao investir com pouco

- Escolher risco alto por ganância
- Investir todo o dinheiro em cripto ou ações de moda
- Mudar de estratégia toda semana
- Comparar seus resultados com quem investe há anos

6.7. Ferramentas para te ajudar

- **Wealthsimple Invest / Trade**: ideal para montar carteira automatizada ou comprar ETFs
- **Shakepay**: simples para Bitcoin com recompensas diárias (shaking sats)
- **Kijiji / Facebook Marketplace**: venda itens usados e invista o valor
- **Google Sheets**: crie um mini plano de investimento pessoal

6.8. Crie metas reais

Exemplos de metas com pequenos aportes:

- Em 1 ano, juntar $1.000 para uma viagem
- Em 2 anos, ter $2.500 para entrada de um carro
- Em 5 anos, $5.000 para imprevistos de saúde ou retorno ao Brasil
- Em 10 anos, ter um fundo de segurança de $15.000

Resumo do capítulo:

◈ Não espere sobrar: invista primeiro, gaste depois
◈ Plataformas acessíveis permitem começar com valores baixos
◈ O tempo é mais importante que o valor
◈ Automatizar é o caminho para consistência

◈ O pequeno hoje vira o conforto de amanhã

No próximo capítulo: vamos comparar o sistema financeiro do Brasil e do Canadá — e entender por que aplicar os mesmos hábitos de lá aqui pode te afundar.

Capítulo 7 – Brasil vs. Canadá: Diferenças Financeiras Que Mudam Tudo

Um dos maiores desafios para quem imigra é **quebrar padrões antigos**. Tentar aplicar os mesmos hábitos financeiros que funcionavam no Brasil no dia a dia canadense pode ser perigoso — e muitas vezes, contraproducente.

Este capítulo vai te mostrar, ponto a ponto, as **principais diferenças entre os dois sistemas**, e como ajustar seu comportamento financeiro para o novo país.

7.1. Preço final: no Brasil é um, no Canadá é outro

Brasil: Preço já vem com imposto.

Canadá: Impostos são adicionados no caixa.

Exemplo:

Você vê um produto por $10. No caixa, ele sai por $11.30 (em Ontário, com HST de 13%).

No começo, isso pode gerar surpresas e bagunçar o orçamento.

Dica: Sempre some **15% ao valor exibido** para prever o custo real.

7.2. Parcelamento vs. Pagamento à vista

Brasil: É cultural parcelar compras em 10x sem juros.

Canadá: Isso **quase não existe**. O normal é:

- Pagar à vista
- Financiar com juros
- Usar cartão de crédito e quitar tudo no vencimento

O parcelamento aqui é feito via financiamentos formais ou serviços tipo **Afterpay**, com contrato e juros.

7.3. Crédito fácil: bênção ou armadilha?

No Canadá, você recebe propostas de cartão em poucos meses, mesmo com histórico zero.

No Brasil, o acesso ao crédito é mais limitado, mas a cultura de "comprar parcelado" domina.

Aqui, se você não entender os juros, pode se endividar rapidamente.

Cartões chegam a cobrar **30% ao ano**. Se você só pagar o mínimo, entra num ciclo quase impossível de sair.

7.4. Renda e poder de compra

No Brasil, a renda líquida é menor, mas os gastos variam muito.

No Canadá, a renda parece boa no papel, mas:

- Os impostos consomem até 30% do bruto

- As contas fixas são altas
- Aluguel, transporte, daycare e supermercado consomem boa parte do orçamento

Dica: Planeje com base no salário líquido e nas despesas fixas. Aqui não sobra por acaso — sobra por estratégia.

7.5. Comportamento do consumidor

No Brasil: muito emocional. Compramos para aliviar frustrações.

No Canadá: há mais estímulo à organização, apps de finanças, ferramentas de controle. Mas o marketing aqui é sutil e constante.

O grande inimigo aqui é a "assinatura invisível":

- $7 aqui do Netflix
- $12 ali do Amazon
- $25 do plano de internet premium

No fim, são **$200 por mês** que você nem vê sair.

7.6. Bancos e contas

Brasil: bancos grandes dominam. Digitalização recente.

Canadá: bancos digitais como **Tangerine, EQ Bank, KOHO** já são padrão e oferecem:

- Contas sem tarifas
- Rendimento automático
- Cashbacks e automações

Dica: Use bancos digitais no início. Evite pagar taxas desnecessárias.

7.7. Planejamento é mais valorizado

No Brasil, é comum viver "no limite" e torcer para dar certo.

No Canadá, quem planeja com antecedência é **recompensado com estabilidade e oportunidades**.

- Planejar a aposentadoria cedo? Normal.
- Investir com 20 anos? Incentivado.
- Falar sobre dinheiro em família? Comum e saudável.

Você vai precisar reaprender a **conversar sobre dinheiro sem vergonha**, com sua família e consigo mesmo.

Resumo do capítulo:

◈ Os hábitos do Brasil podem te atrapalhar no Canadá

◈ O preço exibido não é o preço final

◈ Parcelamento aqui é exceção — não a regra

◈ Planejamento, não improviso, é o que garante sucesso

◈ Use as ferramentas certas — bancos digitais, apps, planilhas e metas

No próximo capítulo: as plataformas ideais para investir, poupar e controlar seu dinheiro no Canadá — e como montar um plano prático com elas.

Capítulo 8 – As Melhores Plataformas para Investir, Poupar e Controlar o Dinheiro no Canadá

Hoje, você pode montar uma vida financeira estruturada no Canadá **sem sair de casa**. As plataformas online te permitem investir, economizar, receber cashback, controlar gastos e acompanhar sua evolução — tudo pelo celular.

Mas com tanta opção, por onde começar?

Neste capítulo, você vai conhecer **as ferramentas mais úteis, confiáveis e fáceis de usar**, mesmo para quem está começando agora.

8.1. Wealthsimple: o "Nubank dos investimentos" canadense

- Interface simples e em português (na versão web, via tradutor)
- Permite investir em **ETFs, ações, criptomoedas** e usar TFSA / RRSP

- Cria uma carteira automatizada baseada no seu perfil de risco
- Rendimento diário em conta (Wealthsimple Cash)
- Sem taxa de abertura nem saldo mínimo

Ideal para quem nunca investiu e quer começar com pouco. Você pode aplicar $25 por mês e deixar a plataforma fazer o resto.

8.2. Questrade: liberdade para quem quer controle

- Plataforma completa para compra direta de **ações, ETFs, REITs, GICs**
- Taxas baixas comparadas aos bancos
- Exige um pouco mais de conhecimento

Ideal para quem quer escolher onde colocar o dinheiro e gosta de estudar o mercado.

8.3. Shakepay e Newton: para investir em criptomoedas

- **Shakepay** é ótimo para iniciantes: fácil, com recompensas diárias (shaking sats)
- **Newton** tem mais opções de moedas, taxas menores e interface mais moderna
- Permitem saques diretos para sua conta bancária

Dica: Criptomoeda é volátil. Use no máximo 5 a 10% da sua carteira. Invista apenas o que está disposto a perder.

8.4. EQ Bank e KOHO: contas digitais inteligentes

- **EQ Bank** oferece savings accounts com rendimento diário, sem taxa
- **KOHO** é um cartão pré-pago com cashback, ótimo para controlar os gastos
- Ambas têm apps completos e funcionam como bancos tradicionais — mas melhores

Dica: Use uma dessas contas para guardar sua reserva de emergência.

8.5. Borrowell e Credit Karma: monitoramento de crédito gratuito

- Veja seu **credit score atualizado toda semana**
- Receba dicas para melhorar sua pontuação
- Avisos de alterações no seu relatório

Essas plataformas não cobram nada e ajudam a manter sua saúde financeira em ordem.

8.6. Mint e YNAB: controle total do orçamento

- **Mint** (gratuito): conecta com seu banco e categoriza seus gastos automaticamente
- **YNAB (You Need a Budget)**: pago, mas extremamente detalhado e educativo

Com esses apps, você visualiza onde o dinheiro está indo, cria metas, recebe alertas e pode acompanhar sua evolução mês a mês.

8.7. Comparativo rápido das plataformas

Função	Melhor Plataforma
Investir com pouco	Wealthsimple Invest
Comprar ações diretamente	Questrade
Criptomoeda	Shakepay ou Newton
Poupar com rendimento	EQ Bank / KOHO
Monitorar crédito	Borrowell / Credit Karma
Controlar orçamento	Mint / YNAB

8.8. Como montar um ecossistema financeiro inteligente

1. **Receba salário** → em banco digital (Tangerine, Simplii, EQ Bank)
2. **Guarde emergência** → savings da EQ Bank
3. **Invista mensalmente** → Wealthsimple TFSA / RRSP
4. **Controle gastos** → Mint ou YNAB
5. **Acompanhe crédito** → Borrowell / Credit Karma
6. **Ganhe cashback** → KOHO ou cartão com pontos

Resumo do capítulo:

◈ O Canadá tem ferramentas simples e poderosas para sua vida financeira

◈ Use o que existe a seu favor — isso economiza tempo, dinheiro e energia

◈ Não precisa ser especialista para investir — só precisa escolher a ferramenta certa

◈ Combine bancos digitais, apps de controle e plataformas de investimento

No próximo capítulo: como montar um plano financeiro pessoal — simples, realista e que funcione mesmo com salário apertado.

Capítulo 9 – Como Montar um Plano Financeiro Pessoal (Simples, Acessível e Eficiente)

Não importa quanto você ganha — se não houver um plano, o dinheiro escorre pelos dedos. Neste capítulo, você vai montar **o seu próprio plano financeiro**, mesmo que esteja começando com pouco, mesmo que tenha dívidas, mesmo que esteja desmotivado. A ideia aqui é: **funcionar na vida real**.

9.1. Antes de tudo: saiba onde você está

O planejamento começa com **um diagnóstico sincero.**

- Qual é sua **renda líquida** mensal?
- Quais são seus **gastos fixos obrigatórios**?
- Existe alguma **dívida acumulada** (cartão, financiamento, cheque especial)?

- Quanto sobra (ou falta) todo mês?
- Você tem alguma **reserva de emergência**?

Escreva tudo. Não chute. Seja honesto. Um plano ruim executado é melhor do que um plano perfeito que nunca sai do papel.

9.2. Divida suas finanças em 5 áreas

1. **Sobrevivência:** aluguel, comida, transporte, contas básicas
2. **Segurança:** seguro, reserva de emergência, saúde
3. **Liberdade:** investimentos, aposentadoria
4. **Qualidade de vida:** lazer, pequenos luxos, viagens
5. **Propósito:** doações, projetos pessoais, educação

Se você está no vermelho, foque nos dois primeiros. Quando estabilizar, passa para os outros.

9.3. Regra do 60/20/10/5/5

Uma adaptação prática:

- **60%** → vida básica (aluguel, transporte, alimentação)
- **20%** → investimentos e poupança
- **10%** → lazer e presentes
- **5%** → educação / cursos
- **5%** → doações / propósito / reserva para sonhos

Se 60% já consome tudo o que você ganha, é hora de **reduzir gastos ou aumentar renda.**

9.4. Crie metas concretas

Exemplos:

- Ter $1.000 de reserva de emergência em 6 meses
- Pagar 100% da fatura do cartão por 12 meses seguidos

- Contribuir com $100 mensais para o TFSA
- Quitar dívida X até dezembro
- Criar uma nova fonte de renda até o final do ano

Metas precisam ser mensuráveis, com prazo e valor.

9.5. Use ferramentas simples

- Google Sheets ou Excel (planilha financeira simples)
- Aplicativos como **Mint, YNAB, KOHO**
- Agendas físicas ou cadernos (se for mais visual)
- Alarmes mensais no celular para revisar seus números

Não importa o meio — importa que você **acompanhe e ajuste** com frequência.

9.6. Plano básico para renda familiar de $3.000 líquidos

Categoria	Valor estimado
Aluguel	$1.200
Contas e transporte	$500
Alimentação	$500
Investimentos (TFSA)	$200
Reserva (EQ Bank)	$100
Lazer	$150
Educação	$100
Total	$2.750

Sobra: $250 para margem de erro, emergências ou oportunidade de investimento.

9.7. Se você estiver endividado

- Liste todas as dívidas
    - Priorize as de juros mais altos (ex: cartão de crédito)
    - Negocie taxas com bancos ou mude de instituição
    - Evite novos parcelamentos
    - Use o método **bola de neve** (quitar a menor primeiro) ou **avalanche** (quitar a mais cara primeiro)

Investir enquanto tem dívidas caras não faz sentido. Pague as dívidas primeiro.

9.8. A cada 3 meses: revisite o plano

- Compare o planejado com o que foi feito
  - Veja onde gastou demais e por quê
  - Ajuste metas se a realidade mudou
  - Envolva a família: o plano é da casa, não só seu

Resumo do capítulo:

◈ Um plano simples vale mais do que uma planilha perfeita nunca usada

◈ Você precisa saber onde está antes de decidir para onde vai

◈ Use porcentagens, metas reais e ferramentas que se encaixam no seu perfil

◈ Planejar não é limitar — é libertar

◈ Acompanhar é mais importante do que acertar tudo

No próximo capítulo: fontes de renda alternativas para imigrantes — do digital ao físico, do autônomo ao estratégico.

Capítulo 10 – Diversificando Fontes de Renda no Canadá: O Imigrante que Não Depende Só do Emprego

Confiar exclusivamente em um salário fixo é um luxo que **muitos imigrantes não podem se dar** — especialmente nos primeiros anos no Canadá, quando o custo de vida é alto e a margem de erro é mínima.

Diversificar a renda não é só sobre ganhar mais:

É sobre **ter segurança, autonomia e escolhas.**

Este capítulo te mostra **formas reais e acessíveis de gerar renda extra**, mesmo com pouco tempo, pouco capital e rotina apertada.

10.1. Antes de tudo: mentalidade empreendedora

Você não precisa abrir uma empresa para empreender.

Empreender é **resolver um problema em troca de valor.**

Se você sabe:

- Cozinhar
- Criar conteúdo
- Ensinar algo
- Vender bem
- Montar móveis, limpar, organizar

...então você já tem um ativo que pode gerar renda.

10.2. Renda extra com habilidades simples

- Marmitas brasileiras, bolos, doces típicos
- Tradução, revisão, digitação (PT-EN / EN-PT)
- Montagem de móveis, jardinagem, conserto de eletrônicos
- Serviços para a comunidade brasileira (babá, diarista, costura)
- Venda de usados no Facebook Marketplace ou Kijiji
- Aulas particulares online: português, matemática, reforço escolar

Dica: Comece com o que você já sabe, com o que você já tem.

10.3. Renda digital: comece pequeno, pense grande

Você não precisa de milhares de seguidores. Precisa de um conteúdo útil, autêntico e constante.

Ideias:

- Criar e-books (como este), apostilas ou guias práticos
- Gravar vídeos curtos com dicas úteis para brasileiros no Canadá
- Montar uma loja no Etsy (artesanato, arte digital, planners)
- Vender serviços no Fiverr, Workana ou Upwork (tradução, design, redação)
- Criar um curso online: Canva, Excel, culinária brasileira, fotografia básica
- Trabalhar com afiliados (Amazon, Hotmart, etc.)

10.4. Plataformas úteis para gerar renda

Plataforma	Ideal para
Etsy	Produtos artesanais, arte digital, planners
Amazon Canada	Venda de produtos físicos, novos ou usados
Fiverr / Upwork	Freelancer em design, tradução, vídeo
Facebook/Kijiji	Venda local, serviços rápidos, usados
Shopify	Loja virtual própria (avançado)
Hotmart	Venda de infoprodutos (cursos, e-books)
Skillshare	Cursos em vídeo com remuneração por views

Dica: Escolha **1 canal** e foque nele por pelo menos 3 meses antes de tentar outro.

10.5. Outras formas de gerar renda

- Alugar um quarto extra na sua casa (se possível e legal)
- Alugar o carro ou dirigir no Uber (considere o custo do seguro)
- Criar um canal no YouTube voltado para imigrantes (ads, parcerias)
- Trabalhar como freelancer noturno ou aos fins de semana
- Fazer "flipping": comprar barato e revender melhorado

10.6. Profissões em alta para requalificação

- Programação e desenvolvimento web
- Enfermagem, caregiving, assistência em saúde
- Truck drivers (motoristas com carteira adequada)
- Eletricistas, encanadores, técnicos em HVAC
- Design gráfico, UI/UX, edição de vídeo

Se for se requalificar, opte por **carreiras com demanda local comprovada.**

10.7. Cuidado com falsas promessas

⚠ Cuidado com:

- Esquemas de pirâmide e marketing multinível disfarçado
- "Mentores" que só ganham dinheiro vendendo cursos sobre ganhar dinheiro
- Investimentos com rentabilidade "garantida" e imediata
- Aplicativos obscuros que prometem renda passiva rápida

Se parece bom demais para ser verdade, provavelmente é golpe.

10.8. Crie ativos, não apenas renda

- Um curso, um e-book, um vídeo no YouTube... continuam te rendendo mesmo depois de prontos
- Uma loja bem feita, um blog bem indexado, um perfil forte nas redes... são ativos
- Pense em construir coisas que **trabalham por você**, mesmo enquanto dorme

---

Resumo do capítulo:

◈ Diversificar a renda dá segurança e liberdade

◈ Comece com o que você sabe e com o que você tem

◈ Ferramentas digitais facilitam tudo — até para iniciantes

◈ Fuja de promessas fáceis: o crescimento é real, mas exige foco

◈ Renda extra hoje pode virar renda principal amanhã

No próximo capítulo: educação financeira para filhos — como preparar a próxima geração de imigrantes para prosperar.

Capítulo 11 – Educação Financeira para os Filhos: O Maior Legado de um Imigrante

Muitos imigrantes vieram ao Canadá com um objetivo em comum: **dar uma vida melhor aos filhos**. Mas a vida melhor não se resume a estabilidade ou conforto. Ela exige preparo. E o melhor presente que um pai ou mãe pode dar a um filho neste novo país é: **educação financeira.**

Neste capítulo, você vai aprender **como ensinar dinheiro desde cedo**, de forma leve, prática e aplicável à realidade de filhos de imigrantes no Canadá.

11.1. Por que ensinar finanças aos filhos?

- Para que eles **não repitam nossos erros**
- Para que sejam adultos **independentes, conscientes e equilibrados**
- Para que saibam **resistir ao consumo imediato e ao crédito fácil**

- Para que valorizem o esforço, o trabalho e o tempo

Filhos educados financeiramente **sofrem menos emocionalmente e economicamente**. Eles tomam melhores decisões, e constroem com mais estabilidade.

11.2. Quando começar? Desde já.

Crianças aprendem com exemplos — e com conversas.

Idade ideal para iniciar: a partir dos 5 anos.

- Até os 7: ensine a diferença entre "querer" e "precisar"
- Dos 8 aos 12: mesada, metas, cofrinhos, pequenos trabalhos
- Dos 13 aos 17: conta bancária, cartão pré-pago, introdução ao crédito
- A partir dos 18: planejamento de vida, investimentos, declaração de imposto

---

11.3. Ferramentas práticas para ensinar

- **Cofrinho separado por categorias**: gastar, guardar, doar, investir
- **Mesada com propósito**: vincular o dinheiro a responsabilidades (ex: guardar a roupa, lavar a louça)
- **Aplicativos como Mydoh, GoHenry**: simulam contas digitais com limites e missões
- **Jogos de tabuleiro**: Monopoly, Banco Imobiliário, The Game of Life
- **Envolver nas decisões da casa**: orçamento da viagem, escolha do mercado, comparar preços

---

11.4. Ensine com transparência

Não é preciso expor tudo, mas **evite esconder as finanças da família.**

- Explique que tudo tem um custo: aluguel, carro, comida, escola

- Mostre como vocês economizam para algo que querem
- Fale sobre erros que cometeram — sem medo ou culpa
- Inclua os filhos nas conquistas: "Esse mês conseguimos guardar $100 a mais!"

11.5. Como evitar o consumo inconsciente nas crianças

- Estabeleça limites claros: nem tudo pode ser comprado
- Ensine a **esperar e juntar** para comprar algo maior
- Reforce o valor das experiências sobre os objetos
- Mostre a diferença entre valor real e valor de marca
- Dê "mesadas educacionais", e não apenas presentes

11.6. Para filhos adolescentes

Com essa idade, o ideal é que eles já:

- Tenham uma conta bancária (poupança ou conta jovem)
- Aprendam a usar um cartão pré-pago com responsabilidade
- Participem do planejamento de metas (ex: viagem, faculdade)
- Tenham tarefas extras para ganhar uma renda simbólica
- Comecem a entender juros, crédito, impostos e orçamento mensal

---

11.7. Incentive a geração de renda desde cedo

- Vender doces ou itens de segunda mão
- Cuidar de pets ou cortar grama do vizinho
- Criar algo e vender online com ajuda dos pais
- Oferecer ajuda a vizinhos em tarefas simples (limpeza, reciclagem, montar móveis)

Ensinar o valor do trabalho cedo forma adultos mais seguros.

11.8. Evite a armadilha da compensação emocional

Imigrantes muitas vezes tentam compensar o tempo perdido com os filhos oferecendo:

- Presentes caros
- Roupas de marca
- Viagens e brinquedos em excesso

Não confunda presença com presente.

A educação financeira dos filhos começa quando eles **veem você dizendo não com amor e explicação.**

Resumo do capítulo:

◈ O maior presente que um pai pode dar é conhecimento e independência

◈ Crianças aprendem com exemplo, mas também com prática

◈ Transparência, limite e envolvimento constroem maturidade

◈ A educação financeira começa cedo — e dura a vida inteira

◈ Ensine que o dinheiro não é um fim, mas um meio para conquistar liberdade

No próximo e último capítulo: saúde mental e equilíbrio emocional — os pilares invisíveis da vida financeira de um imigrante.

Capítulo 12 – Saúde Mental e Equilíbrio Emocional: Os Pilares Invisíveis da Vida Financeira

Você pode ter uma planilha perfeita, ganhar bem, investir todo mês... mas se sua mente estiver em desequilíbrio, **nenhum plano financeiro vai durar**.

O estresse, a ansiedade e a pressão emocional são os **maiores sabotadores** da vida financeira de um imigrante.

Este último capítulo é um convite à pausa, ao autocuidado e à compreensão de que **dinheiro e saúde mental andam juntos.**

12.1. Dinheiro é emocional

Quando você gasta por impulso, não é porque faltou matemática — é porque algo dentro de você **gritou mais alto**.

- Solidão leva ao consumo

- Ansiedade leva à procrastinação
- Vergonha leva ao silêncio financeiro
- Insegurança leva à comparação e dívida

Aprender a identificar essas emoções **é mais importante que saber aplicar em ETFs.**

12.2. Imigrar é uma experiência emocionalmente intensa

- Você está longe da família
- Com idioma novo
- Em empregos abaixo da sua qualificação
- Sentindo que precisa "provar que deu certo"

Tudo isso desgasta. E quando não cuidamos da saúde emocional, **acabamos tentando resolver no cartão.**

12.3. O casal como sociedade emocional e financeira

A maior parte das brigas de casal no Canadá envolve:

- Gastos mal comunicados
- Desequilíbrio entre esforço e reconhecimento
- Expectativas não alinhadas

Dicas práticas:

- Tenham uma reunião financeira por mês
- Definam metas conjuntas
- Dividam responsabilidades
- Cultivem empatia: cada um lida com dinheiro de forma diferente

Casais que se alinham emocionalmente crescem financeiramente.

12.4. A importância do autocuidado

Você não vai prosperar se estiver constantemente exausto.

Cuide de:

- **Sono**
- **Alimentação**
- **Conexões sociais**
- **Espiritualidade ou meditação**
- **Momentos de prazer simples**

"Cuidar de si mesmo **não é luxo**, é a base para tomar boas decisões."

12.5. Apoio emocional e psicológico: peça ajuda

No Canadá, existem:

- Serviços gratuitos de apoio psicológico (inclusive em português)
- Grupos de apoio para imigrantes
- Igrejas e centros comunitários com redes de escuta
- Aplicativos com meditações guiadas e terapia acessível

Você **não precisa enfrentar tudo sozinho.**

12.6. Sem sobra, não há paz — nem futuro

- Se você vive no limite da conta todo mês, a ansiedade será constante
- Se gasta tudo que ganha, não há espaço para sonhar
- Se deve mais do que ganha, o emocional trava

Ter uma **pequena reserva** muda tudo: a relação com o trabalho, com o consumo, com o mundo.

12.7. Espiritualidade e propósito

Independente de religião, cultivar propósito te fortalece.

- Por que você veio ao Canadá?
- O que você quer deixar para seus filhos?
- Que tipo de vida você quer construir?

A resposta para essas perguntas **te protege contra a tentação de viver só para o agora.**

12.8. O valor do silêncio e da pausa

Pense nisso:

Muitas das suas melhores ideias, decisões e reflexões surgem quando você **se permite parar.**

Não é sobre acelerar o tempo todo.

É sobre **escolher o rumo com consciência.**

Resumo do capítulo:

◈ Saúde mental é parte da estratégia financeira

◈ O emocional influencia todas as decisões com dinheiro

◈ Casais precisam conversar e dividir — não competir

◈ Uma mente em paz enxerga melhor o futuro

◈ Prosperar é mais do que acumular — é viver com intenção

A seguir, vem a **Conclusão Final do Livro**, fechando tudo com força e propósito. Vamos encerrar sua obra como ela merece.

Conclusão – Um Novo Começo com Consciência e Liberdade

Você chegou até aqui. Isso já mostra algo poderoso: **comprometimento com o seu futuro.**

Talvez você esteja cansado. Talvez ainda tenha dúvidas. Talvez ainda esteja lutando para equilibrar tudo.

Mas se leu até o fim, isso significa que está decidido a não apenas sobreviver no Canadá — **mas prosperar com inteligência, disciplina e propósito.**

1. Este livro é só o começo

Você agora tem:

- Conhecimento prático
- Ferramentas acessíveis
- Estratégias que funcionam mesmo com pouco
- Inspiração para começar onde está, com o que tem

Mas nada disso importa se você **não agir.**

Ação transforma ideia em realidade.

2. Dinheiro não é o fim — é o meio

A verdadeira riqueza está em:

- Ter **tempo com sua família**
- Dormir tranquilo sem medo do mês seguinte
- Ensinar seus filhos a viverem melhor
- Ter escolha, dignidade e liberdade

Investir bem, planejar, poupar, gerar renda: tudo isso é **para viver melhor, e não apenas acumular.**

3. Sua jornada é única

Pare de se comparar.

Você não está atrasado. Não está sozinho. Não está perdido.

Cada passo, por menor que pareça, **é um passo em direção ao seu próximo nível**.

4. Releia. Compartilhe. Ensine.

- Volte a este conteúdo quando precisar
- Mostre para sua família
- Compartilhe com outros imigrantes
- Ajude mais pessoas a romper o ciclo da ignorância financeira

Quanto mais gente consciente, mais forte fica nossa comunidade.

5. Próximos passos possíveis a partir de hoje

- Abrir seu TFSA e automatizar um aporte mensal
- Cortar 3 assinaturas desnecessárias
- Criar um plano de quitação de dívidas
- Ensinar seu filho sobre poupar com um cofrinho
- Lançar seu primeiro e-book, vídeo ou produto digital
- Conversar com seu parceiro sobre metas financeiras

Escolha **um passo.** Só um. E comece hoje.

Uma Palavra Final

Você é imigrante. Isso já te torna especial.

Você teve coragem de sair da zona de conforto. De recomeçar. De se adaptar. De enfrentar o novo.

Agora, está na hora de **plantar raízes sólidas**.

Use tudo que aprendeu neste livro para construir uma vida com mais consciência, estabilidade e liberdade.

Você merece.
Sua família merece.
Seu futuro agradece.

Obrigado por confiar nesta leitura. Que ela seja o início de um novo capítulo na sua vida.

Com respeito, coragem e esperança,

J. D. Correa

Autor, imigrante e eterno aprendiz

www.ingramcontent.com/pod-product-compliance
Lightning Source LLC
LaVergne TN
LVHW050812051026
849532LV00008B/2966
* 9 7 9 8 2 3 0 4 2 3 0 1 0 *